探索发现科普知识
——系列丛书——

神秘的
海洋

张　俊◎主编

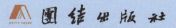

团结出版社

图书在版编目（CIP）数据

神秘的海洋 / 张俊主编 . -- 北京 : 团结出版社 ,2024.3
（探索发现科普知识系列丛书）

ISBN 978-7-5234-0862-9

Ⅰ.①神… Ⅱ.①张… Ⅲ.①海洋—青少年读物
Ⅳ.① P7-49

中国国家版本馆 CIP 数据核字 (2024) 第 055288 号

出　版：团结出版社
　　　　（北京市东城区东皇城根南街84号　邮编：100006）
电　话：（010）65228880　65244790
网　址：http://www.tjpress.com
E-mail：zb65244790@vip.163.com
经　销：全国新华书店
印　装：三河市龙大印装有限公司

开　本：170mm×240mm　16开
印　张：6
字　数：70千字
版　次：2024年3月第1版
印　次：2024年3月第1次印刷

书　号：978-7-5234-0862-9
定　价：215.00元（全12册）

前 言
PREFACE

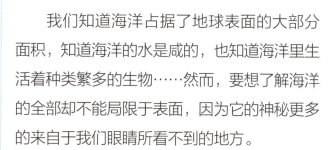

　　我们知道海洋占据了地球表面的大部分面积，知道海洋的水是咸的，也知道海洋里生活着种类繁多的生物……然而，要想了解海洋的全部却不能局限于表面，因为它的神秘更多的来自于我们眼睛所看不到的地方。

　　比如，海底为什么与陆地一样矗立着高山，为什么海底横卧着峡谷，甚至还流淌着河流；再如，柔软的海水为什么会突然暴怒，而深海处的火山、地震为什么时有发生。此外，还有海底雪山、海底热泉、海底瀑布以及那些奇特的海洋植物和海洋动物，为什么它们的存在不是一种偶然，而是地球发展历史的某种印迹。

　　目前，人类探索海洋世界的步伐刚刚走出了一小步，全球还有 95% 的海底世界等待人类的涉足。随着科学技术的进步，越来越多的秘密会被揭开，人类探索深海的历史必将翻开新的一页。

目录

CONTENTS

part 1　走近海洋

part 2　**海洋风貌**

part 4 海洋动物

part 1

走近海洋

海洋是什么时候形成的？

地球被广大的连续水体覆盖着，这些水体——蓝色的海洋占据了地球的绝大部分面积。从太空望地球，可以发现原来我们生活在一个蓝色的星球上。那么，浩瀚的海洋究竟是什么时候形成的呢？

其实，地球初始，既没有大气，也没有海洋，是一个没有生命的球体。一般认为，地球形成的最初几亿年里，由于地壳较薄，加上地球缺乏大气层保护，不断被各种天体轰击，大规模的火山运动不断，地幔下的岩浆从地球内部喷涌出来。岩浆中携带了大量的水蒸气，凝结成液态水，积聚后便形成了原始海洋。科学家通过对海洋物种的分析发现，海洋至少在寒武纪就已经出现了。

▶水分子式与结构示意图

海洋的面积有多大？

　　既然我们生存的这个星球主要是海洋，那么这主体部分到底有多大呢？地球总面积约为 5.1 亿平方千米，海洋面积约占地球总面积的 71%，约为 3.6 亿平方千米。也就是说，海洋面积超过地球总面积的 2/3，是陆地面积的 2.45 倍，相当于约 40 个中国的国土面积。

海与洋是不是一回事?

虽然我们总是说海洋,但海和洋是不同的。那么,什么叫海,什么叫洋呢?

海:位于陆地与大洋、陆地与海岛之间。面积较小,只占海洋总面积的11%左右;深度较浅,平均深度在2000米左右,有的只有几十米深;盐度低,容易受到陆地的影响,透明度小,而且随季节变化而变化;几乎没有自己独立的海流和潮汐系统。

洋:远离陆地,是海洋的中心部分。面积较大,约占海洋总面积的89%;深度较深,平均深度在3000米左右;盐度较高,且几乎很少有变化,透明度大;有独立的海流和潮汐系统。

▶ 寒冷的北冰洋

世界上有几大洋?

大洋这一广阔的咸水水域四通八达、连绵不绝,它们远离大陆,不但面积广,而且深度深,我们称之为洋。既然我们已知道海与洋是不同的,而且大陆又不是连续的,那就会出现洋的划分。世界上有几个大洋呢?地球表面广大的海洋共分为四大洋,它们是太平洋、印度洋、大西洋和北冰洋。

太平洋因何成为"第一大洋"?

我们都知道太平洋是世界第一大洋，为什么这样称呼它呢？太平洋位于亚洲、大洋洲和美洲之间，南临南冰洋，北端由白令海峡与北冰洋相通。它的轮廓呈椭圆形，南北最宽处约 15500 千米，东西最宽处约 19900 千米，约占海洋总面积的一半，占地球表面积的 1/3 以上。如果把边缘海包括在内，它的平均深度可达 4000 米左右，为各大洋之冠。太平洋的最深处在太平洋西部的马里亚纳海沟，深达 11034 米，这里也是世界海洋最深的地方，即使是世界海拔最高的珠穆朗玛峰放在这里也会被完全淹没。因此，无论是从哪个方面说，太平洋都是当之无愧的世界第一大洋。

▶ 太平洋上巨浪翻滚

世界上共有多少海?

既然洋能分出来命名,那海也有它自己的名字。国际水道测量局曾做过统计,世界上海洋中共有大大小小的海 54 个,其中还有些属于海中之海。

太平洋所属的海有 19 个,其中最大的是珊瑚海;大西洋所属的海有 16 个,其中最大的是加勒比海;印度洋所属的海有 10 个,其中最大的是阿拉伯海;北冰洋中有 9 个海,其中最大的是挪威海。

▶位于太平洋珊瑚海西部的大堡礁景观

▶ 位于渤海湾的秦皇岛

海是如何进行分类的?

　　世间这许许多多的海是如何被划分出来的? 又用什么标准把它们进行分类的? 按照所处位置的不同, 海可以分为边缘海和内陆海。其中, 那些位于大洋边缘, 以群岛、岛屿或半岛与大洋分隔, 又以海峡或水道与大洋相通的水域, 称为边缘海。比如南海、东海、黄海、珊瑚海等, 都是太平洋的边缘海。而对于那些大部分被大陆包围, 只能通过海峡与大洋或外海相连的水域, 称为内陆海, 比如渤海、波罗的海、地中海和加勒比海等。

海水真的是蓝色的吗？

远望大海，碧蓝色的水面波光粼粼，如果我们舀一勺海水细看，就会发现海水并不是蓝色的，而是像清水一样无色透明的。海水本身是无色的，为什么大海看起来却是蓝色的呢？原来，这全是阳光的照射造成的。

我们都知道，太阳光是由红、橙、黄、绿、青、蓝、紫七种颜色的光组成的，而这七种颜色的光的波长都不相同。每当太阳光照到大海上的时候，不同深度的海水吸收的往往是不同波长的光。一些波长比较长的光，如红光和橙光等，容易被海水吸收；而一些波长较短的光，如蓝光和绿光等，往往容易被海水散射或反射回来。海水对蓝光和绿光吸收得越少，反射得就越多，我们眼中的大海也就变成蓝色的一片了。

▶ 蓝色海洋

海水为什么这样咸？

流进海里的河水都是淡的，为什么我们尝一下大海里的水却是咸的呢？

通过科学研究发现，事实上，原始的海洋的确不是咸的，而是酸性的。雨水冲刷大地时，水流溶解了岩石和土壤中的盐类，然后河水和地下水将这些盐类输送到海洋中。同时，海底火山的多次喷发，也向海水中排放了大量的矿物质和其他化合物，而这些物质中，大部分尝起来是咸的。此外，随着水分不断被蒸发，海水中的盐度也不断增加，经过亿万年的积累融合，便逐渐积聚到现有的浓度。

▶海底火山喷发的壮观场面

海冰是一种什么冰？

陆地上的冰我们见得多了，可对于海冰我们却知之甚少。海冰指的是那些直接由海水冻结而成的咸水冰，也包括进入海洋中的大陆冰川（冰山和冰岛）、河冰及湖冰。由于冬季气温低，海水温度下降，达到冰点之后，海水密度达到最大，就会结起冰来。海冰的冻结与融合，都会引起海洋状况的变化，同时，海冰中的流冰还会对船只的航行和海上建筑物造成巨大伤害。

▶在海冰里缓慢行驶的船只

▶北西西里岛是地壳运动形成的岛屿

海洋中的岛屿是如何形成的？

　　岛屿总是孤零零地矗立在水中央，可对于这样一块四面环水的陆地，我们会好奇它是如何形生的呢？海中岛屿的成因有很多种，大致可分为大陆岛、火山岛、珊瑚岛和冲积岛。大陆岛是因地壳上升、陆地下沉或海面上升、海水侵入，使部分陆地与大陆分离而形成的。世界上较大的岛基本上都是大陆岛。火山岛是海底火山爆发或者地震隆起时，由岩浆喷射物的堆积和隆起部分形成的岛屿，比如太平洋中的夏威夷岛，就是典型的火山岛。珊瑚岛是由珊瑚虫遗体堆积而成的海岛，这种类型的岛屿在太平洋的浅海中比较集中，如澳大利亚东北面的大堡礁。冲积岛则是由河流或波浪冲积而成的岛屿，我国长江口的崇明岛就是冲积岛的代表。

洋流是如何形成的？

人们知道海洋是运动的，但对于它如何运动及运动的能量是不太了解的。1956年4月，美国科学家迪安·邦珀斯在美国东海岸科德角向大西洋投放一批漂流瓶，经历近58年旅程后，其中的一个瓶子在加拿大一个小岛上被人发现。是什么力量让这个瓶子漂流了那么长的距离呢？其实，这多亏了海洋中的洋流帮忙。

洋流又称海流，是除了潮汐运动外，海水沿一定方向大规模流动的一种水文现象。洋流主要是受到风力、压强和地转偏向力等因素作用而形成的，此外还受到海底地形、海洋轮廓和岛屿等的影响。洋流通常宽度可达几十千米至几百千米，长度可达几千千米，流动时的速度一般为1～3千米/小时。

▶ 海底洋流造成的海水运动

什么是厄尔尼诺现象？

太平洋上产生一种奇怪的自然现象，气象研究人员称之为厄尔尼诺现象。在南美洲西海岸、南太平洋东部，自南向北流动着一股著名的秘鲁寒流。每年的 11 月至次年的 3 月正是南半球的夏季，南半球海域水温普遍升高，向东流动的赤道暖流得到加强。恰逢此时，全球的气压带和风带向南移动，东北信风越过赤道受到南半球自偏向力（也称自转偏向力）的作用，向左偏转成西北季风。西北季风不但削弱了秘鲁西海岸的离岸风——东南信风，使秘鲁寒流冷水上泛减弱甚至消失，而且吹拂着水温较高的赤道暖流南下，使秘鲁寒流的水温反常升高。这股悄然而至、不固定的洋流被称之为"厄尔尼诺暖流"。

你知道什么是赤潮吗？

赤潮又称红潮，是海洋生态系统中的一种异常现象，是由海藻家族中的赤潮藻在特定环境条件下爆发性地增殖造成的。赤潮藻又被喻为"红色幽灵"，国际上称其为"有害藻华"。

海藻是一个庞大的家族，除了一些大型海藻外，还有很多非常微小的藻类植物，有的是单细胞生物。根据引发赤潮的生物种类和数量的不同，海水有时也呈现黄、绿、褐色等不同颜色。

▶ 赤潮

海平面是平的吗？

在日常生活中，我们习惯以海平面为标准来测量海平面以上的陆上物体的高度。其实，海平面并不是平的，也有高低与起伏，只是这种起伏的范围太大，通常可达数千千米，如同地球是球形的，而我们却感觉不到是一个道理。人们很难凭借肉眼分辨出来，只有通过卫星等精密仪器的测量，才能准确地测出海洋表面的起伏情况。科学家通过研究发现，世界各大洋的海面存在三个较高的隆起区：澳大利亚东北的太平洋海域，高出平均海面约 76 厘米；北大西洋海域，高出平均海面约 68 厘米；非洲东南的印度洋海域，高出平均海面约 40 厘米。

海上"无风也有三尺浪"吗？

常听人说"无风也有三尺浪"，这是为什么呢？通常所说的海浪，是指海洋中由风产生的波浪，包括风浪、涌浪和近岸波。无风的海面也会出现涌浪和近岸波，其实它们是由别处的风引起的海浪传播而来的。在天体引力、海底地震、火山爆发、气压变化和海水密度分布不均等内、外力的影响下，海洋会形成海啸、风暴潮和海洋内波等，它们都会引起海水的巨大波动，这就是"无风也有三尺浪"的真正原因。

▶翻滚的海浪

风浪能影响到多深的海底?

真正作用于海底的风浪不是它的高度,而是它具有的波长,因为风浪的长度才是令波浪所及更深的决定性因素。实际上,波浪运动会随着海水深度的加大而不断衰减。而且,风浪对于深水区的海底并不起作用。潜艇只要潜入海底 40 米处,即使处于台风区也只能感受到轻微的影响。如果下潜得更深,比如下潜到海面以下 60 米的深度,再大的风浪也不会对潜艇有什么影响了。

死海是盐度最高的海吗？

这里我们要特别说明一下，死海不与海洋相通，所以它不是海而只是个咸水湖。死海位于以色列、约旦和巴勒斯坦交界处，长67千米，宽5～18千米，面积大约810平方千米，基督教《圣经》中的亚拉巴海就是死海。

位于海平面下410米的死海，是世界陆地平均海拔最低的地方。死海每年长达330天日照以及少于50毫米的降水量，形成了高浓度的盐和矿物质，这里的海水盐度最高达332‰，是一般海水含盐量的6～10倍。所以，死海又被称为"盐海"。正由于如此高的含盐量，让死海的海水拥有了惊人的浮力，即使是一个不会游泳的人也可轻易浮在水面上。

▶ 死海东海岸岸边

part 2

海洋风貌

海湾通常指什么？

海湾，指的是一片三面环陆的海洋，有 U 字形、圆弧形等，通常以湾口附近两个对应海角的连线作为海湾最外部的分界线。在英语中，据大小和形状的不同，海湾又可被称为 Gulf 和 Bay。例如，深长的海湾，如波斯湾（Persian Gulf）；半圆形的海湾，如渤海湾（Bohai Bay），等等。海湾所占的面积一般比峡湾大。与海湾相对的是三面环海的海岬。

▶ 英国多塞特海湾景观

▶ 南极海峡

海峡为何被称为"海上走廊"？

我们一般把两块陆地之间、连接两个海或洋的较狭窄水道称为海峡。海峡的地理位置特别重要，不仅是交通要道、航运枢纽，而且历来是兵家必争之地，因此，人们常把它称之为"海上走廊"或"黄金水道"。海峡一般深度较大，水流也较急。据统计，全世界共有海峡1000多个，约有130多个适宜航行，其中的40多个海峡交通较繁忙或较重要。

地球上有多少个群岛？

　　人们把集合在一起的小型岛屿群体，或彼此距离很近的许多小型岛屿并称为群岛。最早指多岛海（分布着很多岛屿的海域），如爱琴海中的岛屿，后来又包括了太平洋土阿莫土群岛、巴拿马湾中的珍珠岛等。根据成因，群岛可分为构造升降引起的构造群岛、火山作用形成的火山群岛、生物骨骼形成的生物礁群岛以及外动力条件下形成的堡垒群岛四种。世界上主要的群岛有50多个，分布在四个大洋中。其中，太平洋海域中群岛最多，有19个；大西洋中有17个；印度洋中有9个；北冰洋中有5个。

▶ 太平洋群岛风光

▶海底地形十分复杂

海底离海面有多远?

对于海底，人类一直充满着好奇，而我们说的海底，通常是指海洋的深水以下，海水和陆地的接触面。

直到 20 世纪 50 年代，科学家们才用现代的技术测绘出海底世界的真实面目。原来，海洋底部同陆地表面一样，也是崇山峻岭，深沟峡谷此起彼伏，高原、盆地、平原和丘陵交错出现。大洋底部的某些地方，地形起伏甚至比陆地表面还要大。比如，位于太平洋中部的夏威夷群岛，矗立在 5000 ~ 6000 米洋盆上，露出海面部分就达 4170 米，相对高差近万米，比陆地上的最高峰珠穆朗玛峰还要高。

海洋之下会有"热泉"吗?

海底热泉是指海底深处的喷泉,原理和火山喷泉类似,喷出来的热水就像烟囱一样,我们现在已经发现的热泉有白烟囱、黑烟囱、黄烟囱。1979 年,美国科学家比肖夫博士首次在太平洋 2500 米处(接近海底)看到这一奇异的景象:蒸汽腾腾、烟雾缭绕、烟囱林立。

海底热泉的泉口附近,生活着各式各样的奇异生物,包括红蛤、海蟹、牡蛎、贻贝、螃蟹、小虾等,还有一些形状类似蒲公英的水螅生物。即使在热泉区以外状若荒漠的深海海底,仍能看到蠕虫、海星和海葵等海洋生物的身影。

▶海底深处的缤纷世界

▶ 海底景致

科学上是怎么定义海沟的?

对于海沟的定义，科学家目前仍有许多不同的观点。有的科学家认为，水深超过 6000 米的长形洼地都可以叫作海沟；还有的科学家则认为，真正的海沟应该与火山弧相伴而生。一般公认，海沟是大洋地壳与大陆地壳之间的接触过渡带，长 500 ~ 4500 千米，宽 40 ~ 120 千米。海沟两侧的峭壁大多呈不对称的"V"字形，沟坡上部较缓，而下部则较陡峭。

沿海沟分布的地震带是地球上最强烈的地震活动带。震源通常自洋侧向陆侧加深，构成自海沟附近向大陆方向倾斜的震源带。世界大洋中现已发现的海沟约有 30 条，其中有 17 条是典型的海沟，在这 17 条主要海沟里，属于太平洋的就有 14 条。

世界上的最深海沟在哪里?

北太平洋的马里亚纳海沟，深达 11034 米，为人类所知最深的海沟，也是地壳最薄的地方。马里亚纳海沟位于马里亚纳群岛的东部，为太平洋板块和菲律宾板块辐辏的潜没区，比世界第一高峰——珠穆朗玛峰的高度还要深约 2000 多米。

知识链接

潜没

潜没是指一个地壳板块受力下降到另一板块之下的过程。以马里亚纳海沟为例，太平洋板块便俯冲于菲律宾板块（或细分出的马里亚纳板块）的下方。

▶世界最深的海沟——马里亚纳海沟

27

海底也有火山吗?

　　海底火山，就是形成于浅海和大洋底部的各种火山，包括死火山和活火山。地球上的火山活动主要集中在板块边界处，而海底火山大多分布于大洋中脊与大洋边缘的岛弧处。板块内部有时也有一些火山活动，但数量非常少。海底火山可分三种，即边缘火山、洋脊火山和洋盆火山，它们在地理分布、岩性和成因上都有显著的差异。

夏威夷群岛是怎么形成的？

夏威夷群岛如同一条缀满宝石的项链，安静地躺在太平洋的臂弯里。它的形成就得益于海底火山。据说，最早是一群波利尼亚人划着独木舟乘风破浪，来到了这片绝美的岛屿，并为之取名"夏威夷"（意为"最初的家"）。

夏威夷岛面积达 1 万多平方千米，气候湿润，森林茂密，土地肥沃，盛产甘蔗与咖啡，山清水秀，有良港与机场，是旅游的胜地。岛上至今还留有 5 个盾状火山，其中冒纳罗亚火山海拔 4170 米，它的喷火口直径达 5000 多米。1950 年曾经大规模地喷发过，是世界上著名的活火山。

▶夏威夷岛风光

▶ 飓风引起的海啸

海啸是如何形成的？

海啸是由海底地震、火山爆发、海底滑坡或气象变化所引发的破坏性海浪。海啸的波速高达每小时 700 ~ 800 千米，短短几小时内就能越过大洋。海啸的波长可达数百千米，即使传播了几千千米，能量损失也不大。

海啸的力量主要受海底地形、海岸线几何形状及波浪特性的控制。虽然在茫茫大洋里，海啸的波高不足 1 米，可是一旦到达海岸浅水地带，由于波长的减短，海浪的波高急剧增高，有时甚至高达数十米。呼啸的海浪每隔数分钟或数十分钟就重复一次，摧毁堤岸，淹没陆地，夺走生命财产，破坏力极大。

▶印度洋海啸

海啸可以分为几种类型？

按照形成的原因，海啸可以分为三类：地震海啸、火山海啸、滑坡海啸。地震海啸发生时，海底地层发生断裂，部分地层出现猛然上升或者下沉，由此造成从海底到海面的整个水层发生剧烈"抖动"。这种"抖动"与平常所见到的海浪大不一样。海浪一般只在海面附近起伏，涉及的深度不大，波动的振幅随水深衰减很快。地震引起的海水"抖动"则是从海底到海面整个水体的波动，其中所含的能量惊人。

海底火山的喷发也是引起海啸的主要原因。科学家们认为，驱动火山活动的能量深深地隐藏在地下 65 ~ 80 千米处，一旦这种深埋地下的能量释放出来，大海就会变成地狱。此外，海底不是平坦的，也像陆地一样有高山深壑，一旦这些地方出现滑坡，同样也会引发海啸。

大陆架是指什么？

大陆架指的是环绕大陆的浅海地带，是大陆向海洋的自然延伸部分。大陆架通常也被认为是陆地的一部分，又叫"陆棚"或"大陆浅滩"。大陆架有丰富的矿藏和海洋资源，已发现的有石油、煤、天然气，以及铜、铁等 20 多种矿产，其中已探明的石油储量是整个地球石油储量的 1/3，堪称海洋资源的"聚宝盆"。

大陆架的形成有两点：一是由于海平面的高度发生了变化，从而使得原本大陆边缘的部分被海水淹没，这样便形成了大陆架；二是地壳的沉降、河流携带的泥沙将海底填平淤高以及海浪侵蚀等，也会"制造"大陆架。

▶ 大陆架是海洋中的桥梁

海底也有大峡谷吗？

如果有机会潜入海底，你会发现从大陆架顺着大陆的斜坡散布着一道道裂谷，两壁高陡，坡度能达到40°，这就是海底峡谷。

这些海底峡谷的谷壁状似悬崖，就像陆地上的峡谷那样陡峭险峻，而且一直延伸到深海海底。峡谷的断面有的呈"V"字形，有的呈"U"字形，有的如同陆地上的河道长达几百千米，还有的就是陆地上的河流在海底的延伸。如刚果河、印度河、恒河等，其河谷向海底延续，经过大陆架一直伸展到大陆坡同海底峡谷连接起来。就以恒河河谷来说，与它相连的海底峡谷，从大陆坡一直伸到3000多米深的海底，又在海底分岔，像树枝那样分散开来，末端一直伸到5000多米深的印度洋底，整个海底峡谷所占面积超过陆地上的恒河流域的面积。切割最深的海底峡谷是巴哈马峡谷，其谷壁高差达4400米，这些都是陆地峡谷难以相比的。

▶海底峡谷潜水图

▶蜿蜒的海岸线

▍海岸是怎么划定的?

　　海岸指的是海洋和陆地相互接触和相互作用的地带，包括遭受以波浪为主的海水动力作用的广阔范围，即从波浪所能作用到的深度（波浪基面），向陆地延至暴风浪所能达到的地带。它的宽度可从几十米到几十千米。海岸一般可分为上部地带、中部地带（潮间带）和下部地带三个部分。

　　上部地带，又称为陆上岸带，是因海水作用而形成的阶梯地形，受陆上河流的侵蚀和堆积作用，以及沿岸风的作用，形成沙丘。它的特征是海蚀崖、海蚀穴、海蚀阶地和平台。

　　潮间带，由海滩和潮坪两部分组成，这一带是海浪活动最积极、作用最强烈的地带。

　　下部地带，又称水下岸坡带，就是过去的海岸，而今已下沉到海水底下的地方。一般从低潮时海水到达的地方算起，到波浪、潮汐没有显著作用的地带。

海底也有"雪山"吗？

　　雪山一般泛指积雪的高山，常年积雪的雪山周围分布着冰川。陆地上有雪山，海底也有雪山吗？在大西洋中脊裂谷中央有一座高仅2500米的海底小山，终年披着雪白的"婚纱"，像一个娇美的新娘，海洋学家把它命名为"维纳斯"。1973年8月，法国和美国海洋学家乘坐"阿基米德"号用深潜器取样后才发现，"雪山"上的积"雪"其实只是一层薄薄的沉积物。

▶ 漂浮在海上的冰山

▶浩渺的海洋

海洋中有"暖池"吗?

大洋暖池又称热库或暖堆,一般指的是热带西太平洋及印度洋东部多年平均海表温度在 28℃ 以上的暖海区,它的总面积约占热带海洋面积的 26.2%,占全球海洋面积的 11.7%,东西跨越约 150 个经度,南北伸展约 35 个纬度,西太平洋暖池的深度为 60 ~ 100 米。

暖水区是全球空气对流最强烈的地区,且活动持久,是气候异常的源地之一。热带西太平洋暖池区是全球赤道附近大气加热最强的地区。通过卫星资料发现,最大对流中心、最大降水中心(年降水量达 5000 毫米)、对流层绝热加热高中心与西太平洋暖池中心的位置几乎重合。

最大的陆间海是什么海？

地中海是最大的陆间海，其位于欧亚板块和非洲板块交界处，由北面的欧洲大陆、南面的非洲大陆以及东面的亚洲大陆包围着，是世界上最古老的海之一。地中海东西长约 4000 千米，南北最宽处大约为 1800 千米，面积 251.6 万平方千米，平均深度是 1500 米，最深处是 5267 米。作为世界上最大的陆间海，地中海拥有许多天然良好的港口，这样的条件使它从古代开始海上贸易就很繁盛，促进了古埃及文明、古希腊文明、罗马帝国等古老文明的发展，现在也是世界海上交通的重要枢纽之一。

▶意大利地中海风光

part 3

海洋植物

海洋植物怎么分类？

辽阔而富饶的海洋是人类最大的宝库，这里不但生活着形形色色的动物，还生长了各种各样的海洋植物。作为海洋世界中最重要的生产者——海洋植物，让辽阔的海洋更加生机勃勃。

海洋植物的形态复杂，从低等的无真细胞核藻类与具有真细胞核的红藻门、褐藻门和绿藻门到高等的种子植物，可以说是应有尽有。这里既有 2～3 微米的单细胞金藻，也有长达 60 多米的多细胞巨型褐藻；既有简单的海洋植物群体、丝状体，也有具有维管束和胚胎等体态构造复杂的乔木。

海洋植物是海洋世界的"肥沃草原"，海洋植物不仅是海洋鱼、虾、蟹、贝、海兽等动物的天然"牧场"，而且是人类的绿色食品及用途广泛的工业原料、农业肥料的提供者，还是制造海洋药物的重要原料。有些海藻，如巨藻还可作为能源的替代品。

▶ 使海水呈现黄色的甲藻

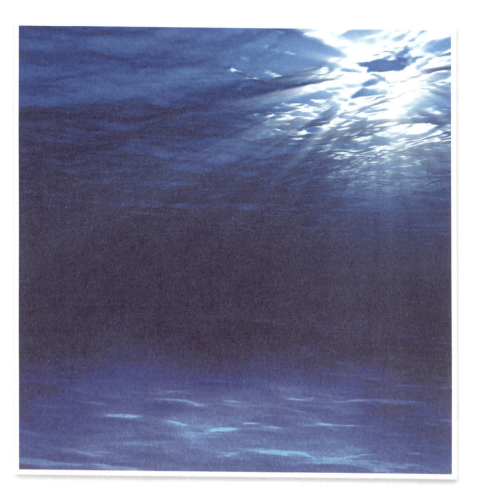

▶ 目前，用仪器记录到阳光穿透海水的最大深度是 1000 米

海洋植物没有阳光能生长吗?

和陆上的植物一样，海洋植物的生长同样离不开阳光。海洋绿色植物从海水中吸收养料，在太阳光的照射下，通过光合作用，合成有机物质（糖、淀粉等），以满足海洋植物生活的需要。由于阳光只能透过海水表层，这使得海洋植物仅能生活在浅海或大洋的表层。

▶ 海洋中的巨藻

海藻是一种什么样的植物？

　　海藻指的是那些生长于海洋中的藻类植物，如海带、紫菜、石花菜、龙须菜等。海藻的种类繁多，有高达数层楼高的巨藻，也有无法以肉眼看见的微藻。而巨藻是当今世界上最大、最古老的植物之一，通常只需阳光、空气和海水，即可周而复始地在海洋中大量生产。巨藻是世界上长得最快的海藻，每 0.01 平方千米年产 750 ~ 1200 吨，被誉为"海洋速生林"。

常见的褐藻和红藻有哪些？

常见的褐藻包括大型褐藻、马尾藻和墨角藻属。太平洋及南极地区的巨藻属和海囊藻属的长度超过 33 米，是最大的藻。海带属在太平洋沿岸及不列颠群岛都很丰富。在墨西哥湾流和马尾藻海中，马尾藻最为常见，呈团状在海面上自由漂浮，外形与其他海藻不同，有类似茎叶的分化，具有气囊，使叶状体浮在水面。不列颠群岛潮间带常见的墨角藻也是借助气囊在水面漂浮。

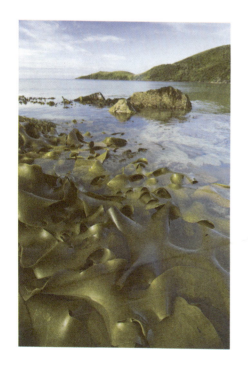

▶海洋中的巨藻

▶人类最熟悉的海藻之一——紫菜

哪儿可以找到海藻呢？

海藻主要生长在低潮线以下的浅海区域。这里的海水中含有丰富的矿物质，海浪的冲击力也比较和缓，加上阳光充足，是藻类生活的理想场所，而藻类生长所释放出来的氧气，是动物们呼吸所不可缺少的。可以说，海洋世界之所以如此缤纷热闹，海藻的作用是功不可没的。

▶绿藻

▶退潮后，一些绿藻遗留在浅滩的石头上

常见的绿藻有哪些?

　　绿藻的藻体呈草绿色。绿藻约有 6000 种，其中 90% 产于淡水，只有 10% 生活在潮间带或潮下带的岩石上。绿藻有单细胞的，有群体的；有丝状的，还有片状的。最常见的海洋单细胞绿藻是扁藻，它含有丰富的蛋白质，是海洋中小型动物的良好饵料。最常见的多细胞绿藻有石莼、礁膜（我国沿海渔民称之为海菠菜或海白菜），它们是人们喜爱的海洋经济蔬菜；还有浒苔，它可用来制作浒苔糕，味道十分鲜美。此外，还有羽藻、刺海松、伞藻等。

绿潮有什么危害？

绿潮是在一定的环境条件下，海水中某些大型藻类（如浒苔）爆发性增殖或高度聚集而造成的一种有害的生态现象。大量繁殖的浒苔会遮蔽阳光，影响海底藻类的生长；死亡的浒苔也会消耗海水中的氧气；还有研究表明，浒苔分泌的化学物质很可能还会对其他海洋生物造成不利影响。浒苔爆发还会严重影响景观，干扰旅游观光和水上运动的进行。绿潮一般发生在春夏两季，大多数在夏季高温期结束。在整个世界范围内，近 40 年，亚洲、欧洲、北美洲和澳大利亚都曾出现过绿潮爆发的情况。而在我国，从 2007 年起，北起大连、南到三亚的多处近岸海域都发生过不同规模的绿潮灾害，其中 2008 年青岛近岸海域发生的大规模绿潮灾害更为世界罕见。

▶ 无性繁殖的绿藻

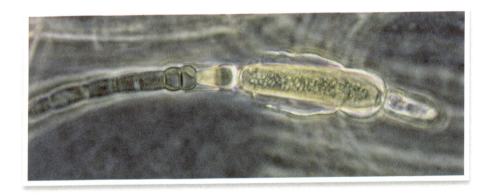

▶ 显微镜下的蓝藻

蓝藻是一种什么样的生物？

　　蓝藻是藻类生物，又叫蓝绿藻。大多数蓝藻的细胞壁外面有胶质衣，因此又叫黏藻。在所有藻类生物中，蓝藻是最简单、最原始的一种。蓝藻是单细胞生物，没有细胞核，但细胞中央含有核物质，通常呈颗粒状或网状，染色体和色素均匀分布在细胞质中。其细胞核没有核膜和核仁，但具有核的功能，故称其为原核。和细菌一样，蓝藻属于"原核生物"。

蓝藻水华是什么意思？

蓝藻是一种水生生物，在水体遭到严重有机污染，氮、磷含量超标呈重富营养化状态下，再遇上适宜的温度（气温在 18℃左右）等条件，就可能疯狂生长。蓝藻其实呈绿颜色，大量的蓝藻漂浮在水面上，像一层黏糊糊的"绿油漆"，专家们为它取了个靓丽的名称——蓝藻水华。蓝藻水华爆发时，水中的溶解氧被蓝藻大量消耗，鱼类等其他水生生物因缺氧而死亡，水体不仅变了颜色，还有臭味。

▶ 古老的蓝藻

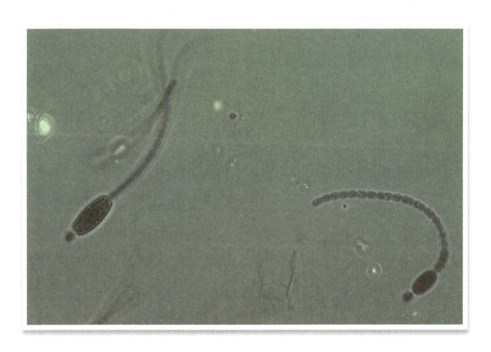

金藻真的是金黄色的吗?

金藻亦称金褐藻,由于色素体内含有的胡萝卜素类和叶黄素类占优势,所以呈黄绿色至金棕色。金藻多数分布在淡水中(海水和咸水中也有分布),通常在透明度大、温度较低、有机质含量少、含钙质较少的软水中最容易出现,在较寒冷的冬季、晚秋和早春等季节生长旺盛。

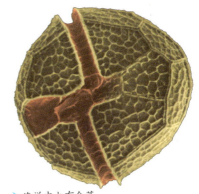

▶海洋中也有金藻

紫菜共有多少种?

紫菜是海洋中的低等植物,是红藻类的一种,它的叶盘片形状有圆形、椭圆形、卵形、心形等。全世界现有紫菜 70 余种,仅日本就有 30 余种。紫菜是著名的经济海藻之一,不仅味美色艳,而且营养丰富,含有丰富的蛋白质

▶紫菜

和维生素。另外,紫菜的蛋白质很容易被人体吸收,作为蛋白质的来源,可以说是一种十分理想的食物。

海洋中也会有森林吗?

　　我们所说的海洋森林，其实指的就是世界上稀有的树种——红树林。红树林是生长在热带、亚热带海岸及河口潮间带特有的森林植被。它们的根系十分发达，盘根错节屹立于滩涂之中。它们具有革质的绿叶，油光闪亮。涨潮时，它们被海水淹没，或者仅仅露出绿色的树冠，仿佛在海面上撑起一片绿伞。潮水退去，则成为一片郁郁葱葱的森林。各种各样的鸟儿在这里歇脚，白鹭、苍鹭、黑尾鸥等都是红树林的常客，甚至还有斑鸠等鸟类长年在较高的树梢上筑巢安家。

▶海洋中也有茂密的森林

▶非洲保留了很多原始的自然环境，动植物资源非常丰富，而这里也广泛分布着红树

红树是如何生长的？

海水中的盐分含量较高，植物不能直接吸收海水来供应自己生长。可是红树虽然长期浸泡在海水中，却依然能够茁壮成长，这是什么原因呢？

红树具有革质化的叶子，可以反射海上强烈的光照，既可以减少水分的蒸发，又能够经受海浪、狂风的冲击；叶子的背面具有短而密的茸毛，可以阻止海水浸入气孔；树叶里面含有各种各样的排盐腺、泌盐结构和单宁酸，能够将植物体内过多的盐分排出体外，为植物提供生长所需要的淡水。

海椰子是生长在海里的植物吗?

　　2010 年，柏林植物园得到了塞舌尔群岛馈赠的珍贵礼物——海椰子果。这种果实形状像女性骨盆，外面长有一层海绵状的纤维质外壳，剥开外壳后就是坚果。海椰子的一个果实重量超过 20 千克，是普通椰子的 3 ~ 4 倍，其中坚果也有 15 千克，是世界上最大的坚果，被称为"最重量级椰子"。由于繁殖方式复杂，海椰子树只产于塞舌尔的普拉兰岛及库瑞岛，总计只有 8200 多棵，堪称"植物界的大熊猫"。海椰子是一种非常罕见的棕榈树，又叫复椰子。1519 年，马尔代夫的渔民出海时，发现西印度洋上漂着几颗形状像椰子的果实。渔民们以为是海里什么植物结的果，便取名"海椰子"。1743 年，人们发现塞舌尔群岛的海椰子树，才知道海椰子原来是生长在陆地上。海椰子坚果内的果汁稠浓至胶状，味道香醇，可食用亦可酿酒，果肉细白，美味可口，滋阴壮阳，还能治疗中风、精神烦躁等症。

▶ 海椰子果实

▶ 看似不起眼的海草，却对海洋有着巨大的贡献

海草是一种什么样的植物？

　　海草是一种生活在温带海域沿岸浅水中的单子叶草本植物。海草有发育良好的根状茎（水平方向的茎），叶片柔软、呈带状，花生于叶丛的基部，花蕊高出花瓣，所有这些都是为了适应水生生活环境。目前，我国沿海有记录的海草有 8 种之多，包括喜盐草、大叶藻等。海草常在沿海潮下带形成广大的海草场。海草场的腐殖质特别多，是幼虾、小鱼良好的生长场所，同时也有利于海鸟的栖息。大叶藻的叶子细长呈带状，长 30 ～ 150 厘米，宽 0.7 ～ 1.5 厘米，呈鲜绿色，春夏两季生长繁茂，花为淡黄色。虾形藻的分枝较密，匍匐的茎和根固着在岩石上，叶细长鲜绿色，一般长 30 ～ 140 厘米，宽 0.2 ～ 0.4 厘米，每年的三四月份长出花枝，花被花苞包着。在我国的北方，沿海渔民常用海草作建造房屋顶的材料。海草具有抗腐蚀、耐用和保暖的特点。

什么样的藻类是有毒藻类？

通过研究人们发现，能形成赤潮的藻类中，有一些能分泌毒素，包括麻痹性贝毒、神经性贝毒和下痢性贝毒等，其中的一部分能直接杀死鱼虾贝类，另外一些能通过食物链引起人体患病、腹泻或者中毒死亡。

一些比较严重的赤潮中毒事件大都是由这类海藻引起的。有毒藻类对人类及水生生物有着巨大的影响，各国已经纷纷对有毒藻类展开研究。虽然科学家对有毒藻类的分类、危害等研究做了大量的工作，但对有毒藻类目前仍没有明确的、统一的定义。目前，人们将能引发赤潮的藻类称为赤潮藻，而把自身能分泌毒素或者在其代谢过程中能释放毒素的赤潮藻类称为有毒藻类。

▶ 赤潮现象

part **4**

海洋动物

海洋动物的定义是什么?

　　海洋动物是生物界重要的组成部分。我们所说的海洋动物，通常指的是海洋中异养型生物的总称。它们不进行光合作用，不能将无机物合成为有机物，只能以摄食植物、微生物和其他动物及其有机碎屑物质为生。

　　海洋动物的门类繁多，各门类的形态结构和生理特点可以有很大差异。微小的有单细胞原生动物，大的长可超过 30 米，重可超过 190 吨。无论是从海上至海底，还是从岸边或潮间带至最深的海沟底，都能找到海洋动物的身影。

▶ 美丽的海底鱼

▶海底世界

地球上有多少种海洋动物?

　　海洋是生命的摇篮,处处充满了生命,如气势磅礴的巨鲸、随波逐流的水母、匍匐海底的海蟹、川流不息的鱼群等。

　　海洋里的动物种类远远多于陆地。一般认为,海洋动物约有 50 万种,这里还不包括人类没有发现的一些深海生物和珊瑚礁生物呢!

鲨鱼是一种什么样的海洋动物?

海洋中最凶猛的动物莫过于大白鲨了。大白鲨生活在海洋食物链的顶端,拥有一副强有力的下颚,几乎可以撕碎所有被它们捕获的猎物。鲨鱼中体型最大的是鲸鲨,它们以小型海洋生物为食物。有趣的是,由于食物具有某种相似性,经过漫长的生物演化,它们长得和须鲸越来越像(这就叫作"趋同进化")。于是,"鲸鲨"的名字就变得理所当然了。最小的鲨鱼是侏儒角鲨,它长 20 ~ 27 厘米,重量还不到一斤,小到可以放在手上。

 大白鲨

▶ 在海中翻腾的鲸

"鲸鱼"的叫法正确吗？

鲸是一种生活在海洋中的哺乳动物，它们不仅具有和陆地上哺乳动物相同的生理特征，如用肺呼吸、胎生哺乳等，而且演化出了一些适应水生环境的特殊生理构造，如前肢鳍状化、后肢退化消失，尾巴进化成很大的水平状尾鳍。它们纺锤状流线型的身躯看似鱼类，但是在行为和生理上和鱼类有着本质的区别，比如它们在游泳时尾巴是上下扇动的，而鱼类的尾巴却是左右摇摆的。作为和人类同属的哺乳动物中的一员，与我们有相似之处，比如它们和我们游泳时一样，必须要浮出水面呼吸空气。所以，鲸不是鱼，而是一种哺乳动物。

海里真有美人鱼吗?

安徒生童话《人鱼公主》里描写的美人鱼,善良而美丽,那么她真的存在吗? 事实上,美人鱼并不存在,但海里确实生活着一种长相像人的哺乳动物——海牛,它们并不美。我国南海就有一种长得像海豚的海牛目动物,叫作儒艮。由于雌儒艮的乳房与人乳房的位置相似,当雌儒艮抱着幼仔露出水面时,从远处看就像一个抱着孩子的女人。

▶海牛的背影很像美人鱼

海马集合了哪三种动物的特征?

▶海马

海马,虽然叫马,其实是一种小型鱼类。海马身长 5 ~ 30 厘米,因其头部酷似马头而得名。如果你见到这种动物,肯定会觉得海马是最不像鱼的鱼类了,因为它集合了马、虾、象三种动物的特征于一身,有马形的头,跟虾一样的身子,还有一个如象鼻一般的尾巴。

海葵是不是植物？

从名字上看，也许你会觉得海葵是一种植物，但实际上它是一种捕食性动物。在海底的珊瑚礁石之间、石头之上，常常能见到像向日葵花瓣一样长着长长触手的海葵，它们有的像一朵小小的金盏菊，有的则像一块铺在海底的长绒小毯，

▶ 海葵

皱巴巴地挤在礁石的一角。据统计，全世界有 1000 多种海葵，从极地到热带，从潮间带到超过 1 万米的海底深处，都有海葵的分布，而分布数量最多的当属热带海域。

海星是一种鱼吗？

▶ 颜色艳丽的海星

海星不属于鱼类，而是对无脊椎动物的统称。古人误以为生活在水里的都是鱼，于是海星就成了"星鱼"。海星是一种生活在大海深处的动物，它们常把扁扁的身体贴在岩石上，展开自己的多个腕足，就像空中闪烁的星星，再加上它们身体的鲜亮颜色，看上去更是美丽迷人。

世界上有会飞的鱼吗?

　　飞鱼的长相很奇怪,整个身体像织布的"长梭"。它的胸鳍特别发达,就像鸟类的翅膀一样,长长的胸鳍一直延伸到尾部。凭借自己流线型的优美体形,飞鱼能够在海中以每秒 10 米的速度高速运动。它能够跃出水面十几米,空中停留的最长时间可达 40 多秒,飞行的最远距离有 400 多米。飞鱼经常会在海水表面活动,蓝色的海面上,飞鱼时隐时现、破浪前进的情景十分壮观,是南海一道亮丽的风景线。

▶ 飞鱼

乌贼是一种怎样的动物？

乌贼俗称墨斗鱼、乌鱼，虽然被叫作鱼，其实它是生活在海洋里的软体动物。乌贼遇到强敌时会以"喷墨"作为逃生的方法，因而有"乌贼""墨鱼"等名称。乌贼皮肤中有色素小囊，会随"情绪"的变化而改变颜色和大小。

▶乌贼是个变色高手

你知道海中美味——牡蛎吗？

▶收获的牡蛎

牡蛎是一种双壳贝类软体动物，身体呈卵圆形，生活在浅海泥沙中。我国福建、广东一带把牡蛎叫作"蚝"。牡蛎营养丰富，肉鲜味美，易于消化，鲜蚝汤有"海中牛奶"之称。

"八爪鱼"是一种什么样的动物?

章鱼，别名"八爪鱼"，属于软体动物门、头足纲、八腕目。它的身体呈囊状，头与躯体分界不明显，有复眼及八条可收缩的腕，每条腕均有两排肉质的吸盘。目前，章鱼广泛分布于世界各地的热带和温带海域，主要在多岩石海底的洞穴或缝隙中栖身。

▶太平洋中的巨型章鱼

海贝是一种什么样的动物？

海贝是生长于海洋沿岸的生物。古时候，由海贝串成的饰品，曾经是财富与地位的象征。在我国新石器时代晚期，天然海贝曾被当作货币用于商品交换，是中国最早的古代货币。而在印度洋、太平洋沿岸的许多国家，如印度、缅甸、孟加拉、泰国等国，也曾经将海贝作为货币使用。到了现代，海贝更多被理解为大海里贝壳的统称，常用作饰物或观赏品。

▶ 美丽的贝壳曾经是一种古老的货币

海螺是一种顽强的生物吗？

海螺为暖海产种类，主要栖息在水深1～30米的碎珊瑚底质浅海。和其他动物一样，海螺等软体动物早已适应了千变万化的生存环境。从海水日夜冲刷的岩石到阴暗泥泞的深海海底，到处都能找到这一特殊的软体动物群。

▶ 海螺壳

海参深受人们喜爱的原因是什么？

海参又名刺参、海鼠、海瓜，是一种名贵的海产动物，因补益作用类似人参而得名。海参肉质软嫩，营养丰富，是典型的高蛋白、低脂肪食物，滋味腴美，风味高雅，是久负盛名的名馔佳肴，是海味"八珍"之一，与燕窝、鲍鱼、鱼翅齐名，在大雅之堂上往往扮演着"压台轴"的角色。

▶ 活着的野海参

什么鱼被称为"水中鸳鸯"?

　　蝴蝶鱼对爱情忠贞不渝，大部分都出双入对，好似鸳鸯，所以人们把它们称为"水中鸳鸯"。它们成双成对在珊瑚礁中游弋、戏耍，总是形影不离，当一尾进行摄食时，另一尾就在其周围警戒。蝴蝶鱼是近海暖水性小型珊瑚礁鱼类，身体侧扁，适宜在珊瑚丛中来回穿梭，它们能迅速而敏捷地消失在珊瑚枝或岩石缝隙里。有些蝴蝶鱼，如细纹蝴蝶鱼，经常进入珊瑚洞穴去捕捉无脊椎动物。

▶被誉为"水中鸳鸯"的蝴蝶鱼

蝠鲼是一种什么样的动物?

　　蝠鲼是鳐的近亲,从生物学角度上说,它并不是一个具体物种,而是一个生物属,包括鲨纲、蝠鲼科等。蝠鲼体扁平,宽大于长,胸鳍长大肥厚如翅膀状,尾长,鞭状,以头鳍扫拢浮游生物及小鱼为食,经常在珊瑚礁附近巡游觅食,性情温和。

▶蝠鲼

海里也有蜥蜴吗？

在厄瓜多尔加拉帕戈斯群岛的海岸上，栖息着一种外貌很像史前动物的爬行动物，乍一看它们，那古怪的样子着实令人生畏。有人把它们称作"龙"，其实这并不是龙，而是海鬣蜥。海鬣蜥是世界上唯一能适应海洋生活的蜥蜴。海鬣蜥主要栖息在岩石海边，但也会出没在沼泽及红树林。

▶海鬣蜥

海龟为何被称为"万年龟"？

▶海底平原上游弋的海龟

海龟早在 2 亿多年前就出现在地球上了，是有名的"活化石"。据《世界吉尼斯纪录大全》记载，海龟的寿命最长可达 152 年，是动物中当之无愧的老寿星。正因为海龟是海洋中的长寿动物，所以沿海的人们将海龟视为长寿的吉祥物，这样便有了"万年龟"的说法。

海獭对海洋生态系统有什么影响?

海獭是海底森林保护者,海獭死亡率的上升将会对海洋生态系统造成很大的影响。这是因为海獭是海洋生物链中的关键一环,它们会帮助控制海底岩藻、贝类以及其他海洋生物的数量,"当海獭存在时,海洋生态系统看起来是一个样子;当它不存在时,海洋生态系统将会完全是另外一个样子"。

▶ 浑身湿漉漉的海獭

part 5

海洋资源

锰结核是一种什么物质？

大洋底蕴藏着极其丰富的矿产资源，锰结核就是其中的一种。它的表面呈现黑色或棕褐色，外观为球状或块状，大小从几微米到几十厘米都有，最重可达几十千克。锰结核中含有30多种金属元素，包括锰、铁、铜、钴、镍等，极具商业开发价值。

▶ 锰

▶海底矿产的开发可以缓解陆上资源的供求压力

▶海洋是一个巨大的宝库

锰结核是怎样被人类发现的？

　　沉淀在大洋底的锰结核是如何被人类发现的呢？ 1873 年 2 月 18 日，在非洲西北加那利群岛的外洋，英国考察船"挑战者号"从海底采集了一些土豆大小的深褐色团块。经过试验分析后，英国人发现这是一种由锰、铁、镍、铜、钴等多种元素组成的金属化合物，其中以氧化锰的含量最多。剖开以后，他们发现这种团块以岩石碎屑、鲨鱼牙齿以及动植物残骸的细小颗粒等为核心，呈同心圆一层一层长成，像一块切开的葱头。于是，这种团块被命名为"锰结核"，并逐渐为人所知。

锰结核是怎样形成的？

在地球 50 多亿年的漫长历史中，地壳中岩浆和热液持续活动，并随着地壳表面剥蚀搬运和沉积运动，形成了多种矿床。同时，雨水的冲蚀使陆地上的一部分矿物质融解并流入了海内。锰和铁两种矿物质，在海中本来是处于饱和状态的，可由于河流夹带的锰和铁不断加入，海水中两种元素的含量不断增加，以至过饱和沉淀。

最初，两种矿物质是以胶体状的含水氧化物沉淀出来的。在沉淀过程中，这种胶体状的含水氧化物又多方吸附铜、钴等物质，并与岩石碎、海洋生物遗骨等形成结核体，沉到海底后随着底流一起滚动，像滚雪球一样，越滚越大，越滚越多，最后形成了大小不等的锰结核。

▶ 岩浆

▶ 锰结核是航空航天工业的"原料库"

海洋中有多少锰结核?

锰结核广泛地分布于 2000 ～ 6000 米水深的海底表层，其中又以 4000 ～ 6000 米水深海底生成的锰结核品质为最佳。一般认为，锰结核的总储量在 30000 亿吨以上，其中以北太平洋分布的面积最广，储量占锰结核总量的一半以上。

锰结核所含的铁是炼钢的主要原料，所含的金属镍可用于制造不锈钢，所含的金属钴可用于制造特种钢，所含的金属铜大量用于制造电线，而所含的金属钛因密度小、强度高、硬度大，可广泛应用于航空航天工业，素有"空间金属"的美称。

锰结核在海洋中的储量不仅巨大，而且还会不断地增长。增长的速度因时因地而异，平均每千年长 1 毫米。以此计算，全球锰结核每年增长 1000 万吨，堪称"取之不尽，用之不竭"的可再生多金属矿物资源。

▶海上石油勘探

海底石油和天然气是怎样形成的?

　　世界上已发现的海上油气田,大多分布在浅海陆架区。科学家通过研究认为,在中、新生代,海底板块和大陆板块相挤压,形成许多沉积盆地,并在这些盆地形成几千米厚的沉积物。这些沉积物是海洋中的浮游生物的遗体,以及河流从陆地带来的有机质。这些沉积物被沉积的泥沙埋藏在海底,构造运动使盆地岩石变形,形成断块和背斜。伴随着构造运动而发生岩浆活动,产生大量热能,加速有机质转化为石油,并在圈闭中聚集和保存,成为现今的陆架油田。

　　据估计,世界石油极限储量约为 1 万亿吨,可采储量达 3000 亿吨左右,其中海底石油约为 1350 亿吨;世界天然气储量 255 亿至 280 亿立方米,海洋储量约为 140 亿立方米。

世界上海洋油气田有多少？

世界各地共发现的海洋油气田为 1600 多个，已正式投产的海洋油气田为 300 多个，其中的 70 多个是巨型油气田，而储量超过 1 亿吨的就有 14 个。特大油田中有 7 个位于波斯湾。世界上离海岸最远的海井在美国路易斯安那州岸外 500 千米处，水深 300 米。

▶海洋油田钻机

▶ 海底热泉产生的气泡

热液矿藏是指什么？

热液矿藏又称"重金属泥"，是与海底热泉有关的一种多金属硫化物矿床。近些年来，在大洋底部的张裂地带，科学家们已经相继发现了 30 多处由海底溢出物质形成的海底热液矿藏，其总体积约 3900 万平方米。这种热液矿床主要形成于大洋中脊、海底裂谷带中，由海底裂谷喷出的高温岩浆冷却沉积而成。

大洋中脊是多火山多地震区，岩石易破碎，海水能通过破碎带向下渗透，渗入的冷海水受热后，以热泉形式从海底泄出。在冷海水不断渗入、热海水不断排出的循环过程中，洋底玄武岩中铁、锰、铜、锌等元素溶于热海水中，成为富含金属元素的热液而喷涌出来。由于洋中脊是大洋板块的分离部位，那里的岩石圈地壳最薄弱，因此又是地幔热流最好的突破口。热泉水带上来的物质多为金属硫化物或氧化物，它们沉淀在热泉喷口周围，形成具有经济价值的"热液矿床"。

这种由海底高温流体形成的矿丘形状各异，有的像土堆，有的像烟囱，从数吨到数千吨不等，不断有高温流体从里喷出，并能像植物一样，以每周几厘米的速度飞快地增长。热液矿藏中含有金、银、铜、锌、铅、锰等几十种稀贵金属，而且金、银等金属品质非常高，又有"海底金银库"之称。

你听说过可以燃烧的冰吗？

可燃冰的学名为"天然气水合物"，实际上是一种甲烷气体的水合物。在深海中高压、低温的条件下，海底沉积的古生物遗体所分解的甲烷等气体分子，与海水产生化学反应，形成了一个个淡灰色的冰球，看起来就像冰一样，故称可燃冰。

由于含有大量甲烷等可燃气体，可燃冰极易燃烧。据研究，在同等条件下，可燃冰燃烧产生的能量比煤、石油、天然气要高出数

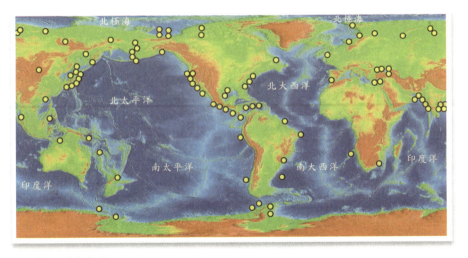

▶ 世界可燃冰分布图

十倍，而且燃烧后不会产生任何残渣和废气，被称作"属于未来的能源"。

那么，人们是怎么发现可燃冰的呢？早在 1778 年，英国化学家普得斯特里就着手研究气体水合物的温度和压强。到了 1934 年，人们在油气管道和加工设备中发现了冰状固体堵塞现象，并引起了科学家的关注，而这些固体就是我们现在所说的可燃冰。随着研究的不断深入，可燃冰也一步步地摘去了它的神秘面纱。1965 年，苏联科学家大胆预测天然气的水合物可能存在于海洋底部的地表层中。结果，人们在北极的海底确实发现了大量的可燃冰。

世界上绝大部分的天然气水合物分布在海洋里，仅在海底区域，可燃冰的分布面积就达 4000 万平方千米，占地球海洋总面积的 1/4。海底可燃冰的储量是陆地的 100 倍以上，至少够人类使用 1000 年。

▶冰层下隐藏着可燃气体

你知道海洋中的另类"水资源"吗?

世界各大洋的底部蕴藏着非常丰富的淡水资源,约占海水总量的 20%。这些淡水存在于海面以下 1500 米深的原生代岩层中,历经数万年时间,经过岩层渗透精滤,水质天然、洁净,富含几十种人体所需的多种矿物质和微量元素,是人类健康饮用水的优质水源。

此外,海水中还藏有储量巨大的重水。重水是由氘和氧组成的化合物,和普通水很相似。它不仅是人类用于核聚变发电的重要能源,更是新一代的主体能源。与陆地相比,海洋重水的开采成本非常低廉,深海大规模开采提取每千克重水成本仅为陆地开采成本的 5%~10%,具有巨大的商业开发前景。

什么样的海域才是渔场？

一般来说，海洋中的鱼类及其他水生经济动物，如虾、蟹和海兽等，在一定季节、一定水域范围，因产卵繁殖、索饵育肥或越冬适温等聚集成群，从而形成的渔业生产上相对集中的场所，我们称之为海洋渔场。

海洋渔场的形成有两个条件：首先，必须是有密集的经济水生生物栖息洄游的地方。其次，在该处能经营符合经济原则的渔业。海洋渔场按照鱼类习性分，有产卵渔场、索饵渔场、越冬渔场。如果按照地理环境分，有大陆架上浅海渔场、寒暖两流潮境渔场、上升流域渔场、堆礁海岭渔场、感潮线渔场。

世界海洋渔场大部分集中于仅占海洋总面积7％的大陆架海域，其次是外海的海底高地、水下山脉和群岛或珊瑚礁附近海域。良好渔场既是经济水生物密集的地方，也是饵料生物大量繁殖之处，饵料生物对海洋渔场的形成最为重要。

▶海洋俨然就是鱼的家园

▶ *神奇的海底鱼类*

世界上有哪几大渔场？

世界上有五大渔场，它们分别是北太平洋渔场、东南太平洋渔场、西北大西洋渔场、东北大西洋渔场和东南大西洋渔场。其中，北太平洋渔场包括北海道渔场、舟山渔场、北美洲西海岸众多渔场在内的广阔区域，东南太平洋渔场包括秘鲁渔场在内的广阔区域，西北大西洋渔场包括纽芬兰渔场在内的广阔区域，东北大西洋渔场包括北海渔场在内的广阔区域，东南大西洋渔场包括非洲西南部沿海渔场在内的广阔区域。

我国最大的海洋渔场在哪里？

　　舟山渔场是我国最大的近海渔场，与千岛渔场、纽芬兰渔场和秘鲁渔场齐名。在地理、水文、生物等优越自然条件的影响下，舟山渔场及其附近海域成为适宜多种鱼类繁殖、生长、索饵、越冬的生活栖息地。其中，大黄鱼、小黄鱼、带鱼和乌贼是舟山渔场捕捞量最大的资源群体，被称为"四大渔产"。20世纪70年代，集结在嵊山渔场捕冬季带鱼的渔船，旺汛高峰时达1万艘，渔民在15万人以上。

▶ 捕鱼场景

part 6

海洋趣闻

百慕大群岛为何被称为"魔鬼三角"?

百慕大三角,是指北起百慕大群岛,南到波多黎各岛,西至美国佛罗里达州的一片三角海域,面积约 100 平方千米。由于这片海域船只、飞机等失事较多,所以被冠以"魔鬼三角"之称。最近有科学家认为,造成百慕大海域沉船或坠机的元凶是海底可燃冰产生的巨大沼气泡。当海底发生猛烈的地震活动时,被埋在地下的块状可燃冰晶体被翻了出来,由于可燃冰的主要成分是甲烷,会因外界压力减轻迅速汽化。大量的气泡上升到水面,使海水密度降低,失去原来所具有的浮力。恰逢此时经过这里的船只,就会像石头一样沉入海底。如果此时正好有飞机经过,当甲烷气体遇到灼热的飞机发动机,会立即燃烧爆炸。

▶神秘的百慕大三角区

你听说过会跳跃的海底石头吗?

海底有一种奇怪的石头,人们称其为"跳跃石"。把这种石头从海底取出,放在科研船的甲板上,它会突然地自动跳起来,多数时候还能自动裂开并发出"咔嚓"的响声。这种石头可在海中那些死火山或活火山构成的海底山脉中找到。跳跃石的特征是气泡饱和度极高,大部分是二氧化碳气的火山气泡,在这些岩石的总体积中占18%,比普通固结玄武岩熔岩中的气泡含量高20多倍。是什么原因使这种石头跳跃和裂开呢?原来,在高压下熔岩中的气泡一旦升到水表,失去了原有压力,就会从岩石中崩裂出来,从而使石头跳跃并自然裂开。

大海里也会起火吗？

航行在黑夜的海上或伫立在黑夜的海滩，有时会突然发觉海面上有光亮闪烁，好像点点灯火，沿海渔民就称其为海火。其实，这是一种海发光现象。

海发光现象在海洋生物中极为普遍，从结构简单的细菌到结构比较复杂的无脊椎动物和脊椎动物，都有着种类繁多的发光生物。如其菌门、菌藻纲、原生动物门、腔肠动物门、环节动物门、软体动物门、节肢动物门、棘皮动物门、脊索动物门和脊椎动物门等，都有发光的典型种类。

海火的确是一种神秘奇异的现象，尤其是不常在海边或海上旅行的人，第一次看到海火时，更是无法理解。海火可分为三种，即火花型（闪耀型）、弥漫型和闪光型（巨大生物型）。

海发光现象，不仅是海洋生物学领域中的研究课题之一，而且在国防、航运交通及渔业上均有着一定的实用价值。例如：在战争时期，

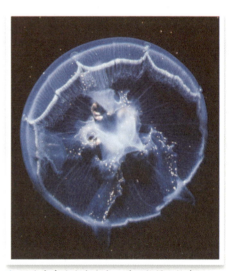

▶深海中有些鱼会发光，并且长得比较奇怪

舰艇在发光海区做夜间航行时，就有可能暴露目标；在渔业上，可利用海火来寻找鱼群；在航运交通上，海火可以帮助航海人员识别航行标志和障碍物，避免触礁等危险。此外，由于海洋生物的发光是冷光（不放热），可利用连续发光的细菌做成人工的细菌灯。细菌灯安全可靠，可广泛用在火药库、油库、弹药库等严禁烟火的场所；在第二次世界大战中，日军曾用细菌灯作为夜间的联络信号等。由此可见，海发光现象的用途广泛。